Impressum
Verlag: BABADADA GmbH, Nedderfeld 112 , 22529 Hamburg
Geschäftsführer / Verlagsleitung: Harald Hof
Druck: Books on Demand GmbH, In de Tarpen 42, 22848 Norderstedt

Imprint
Publisher: BABADADA GmbH, Nedderfeld 112 , 22529 Hamburg, Germany
Managing Director / Publishing direction: Harald Hof
Print: Books on Demand GmbH, In de Tarpen 42, 22848 Norderstedt

dibistan
school

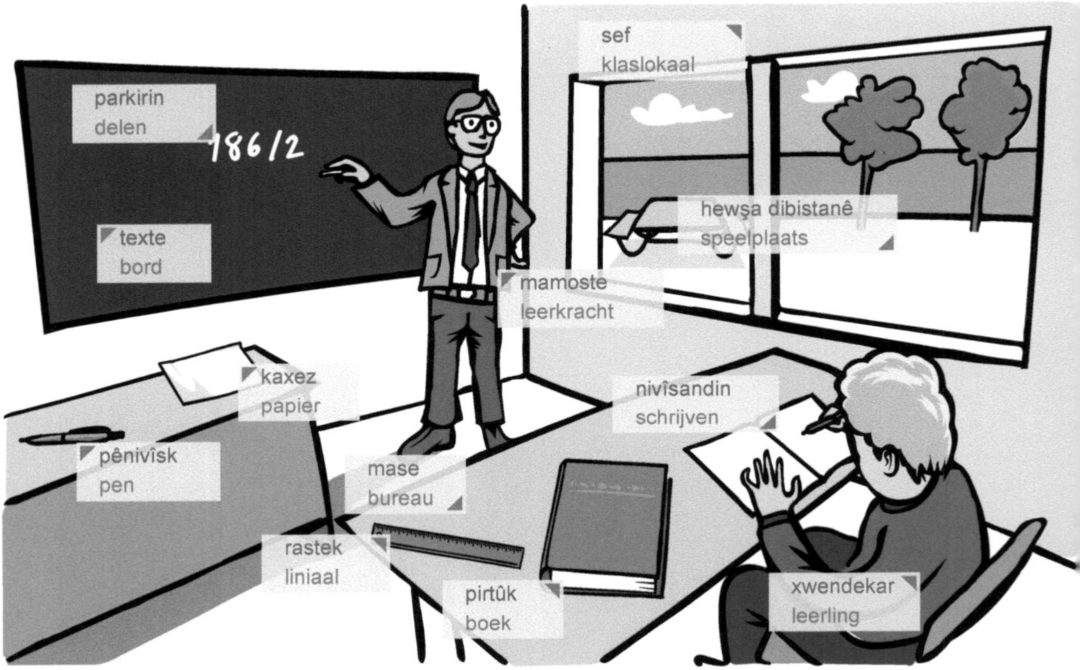
sef
klaslokaal
parkirin
delen
186/2
texte
bord
hewşa dibistanê
speelplaats
mamoste
leerkracht
kaxez
papier
nivîsandin
schrijven
pênivîsk
pen
mase
bureau
rastek
liniaal
pirtûk
boek
xwendekar
leerling

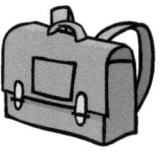

çewal

schooltas

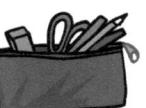

qûtî nivîstok

pennenzak

qelemrisas

potlood

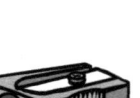

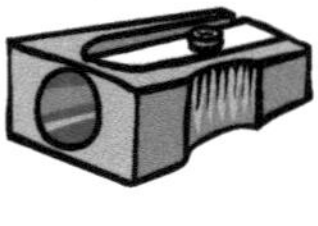

nivîstok tûjkir

puntenslijper

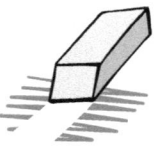

jêbir

gom

nivîska nîgarê

tekenblok

nîgar
tekening

firçeya rengê
verfborstel

qûtî reng
verfdoos

meqes
schaar

lezaq
lijm

pirtûka fêrbûn
werkboek

wezîfa malê
huiswerk

hejmar
nummer

zêdekirin
optellen

derxistin
aftrekken

zêdekirin
vermenigvuldigen

hesibandin
rekenen

tîp
letter

alfabe
alfabet

peyv
woord

nivîsê

tekst

xwandin

Lezen

geç

krijt

ders

les

qeydkirin

klassenboek

îmtîhan

examen

şehade

certificaat

kinca dibistanê

schooluniform

perwerdehî

onderwijs

zanistname

encyclopedie

zanîngeh

universiteit

mîkroskûp

microscoop

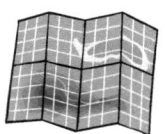

xerîte

kaart

sepeta kaxezê

papiermand

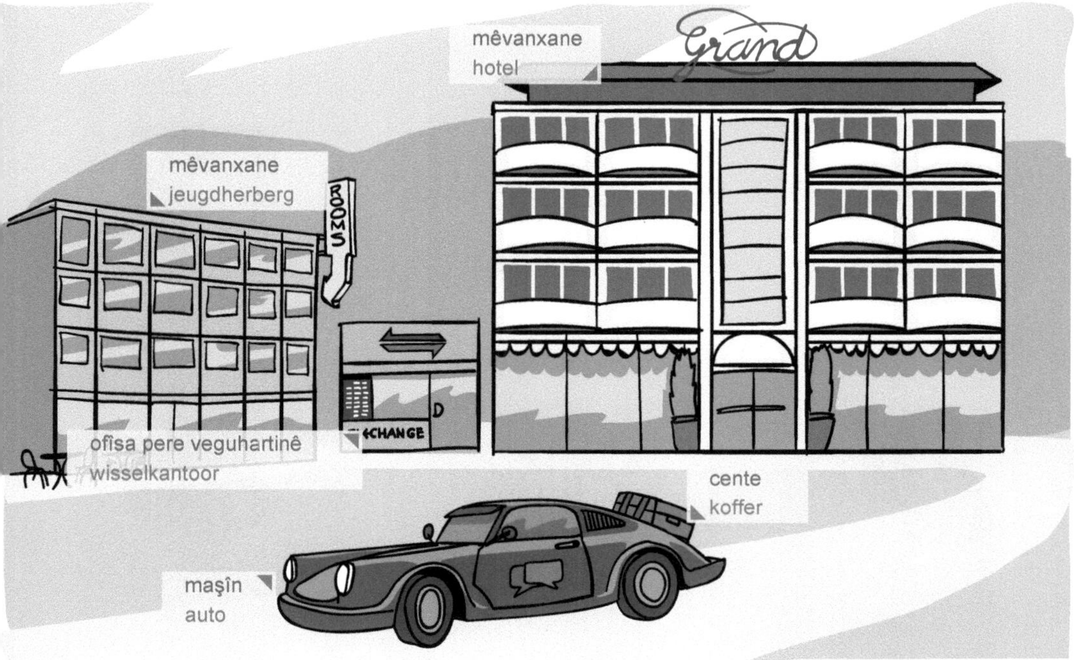

mêvanxane
hotel
Grand
mêvanxane
jeugdherberg
ROOMS
€CHANGE
ofîsa pere veguhartinê
wisselkantoor
cente
koffer
maşîn
auto

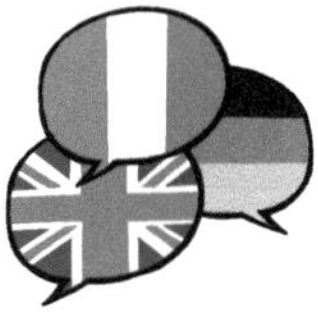

ziman

Taal

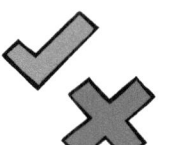

belê / na

ja / nee

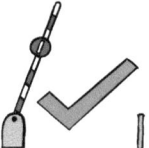

baş

oké

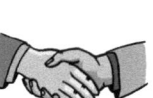

silav

hallo

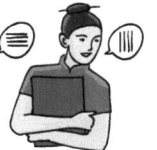

wergêra nivîskî

vertaler

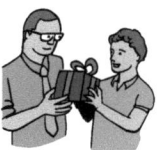

sipas

bedankt

bihayê ... çi qase?

Hoeveel kost ...?

ez fam nakim

Ik begrijp het niet

pirsgirêk

probleem

êvarbaş!

Goedenavond!

beyanî baş!

Goedemorgen!

şev baş!

Goedenavond!

xatirê te

Tot ziens

alî

richting

hûrmûr

bagage

çente

zak

çente pişt

rugzak

mêvan

gast

ode

kamer

came xew

slaapzak

çadir

tent

agagiyên gerokan

toeristeninformatie

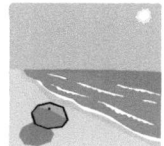

rexê avê

strand

kartê qerzê

kredietkaart

taştê

ontbijt

firavîn

lunch

şîv

avondeten

kart

ticket

asansor

lift

pûl

postzegel

tixûb

grens

gumirk

douane

balyozxane

ambassade

vîza

visum

pasaport

paspoort

guhaztin
transport

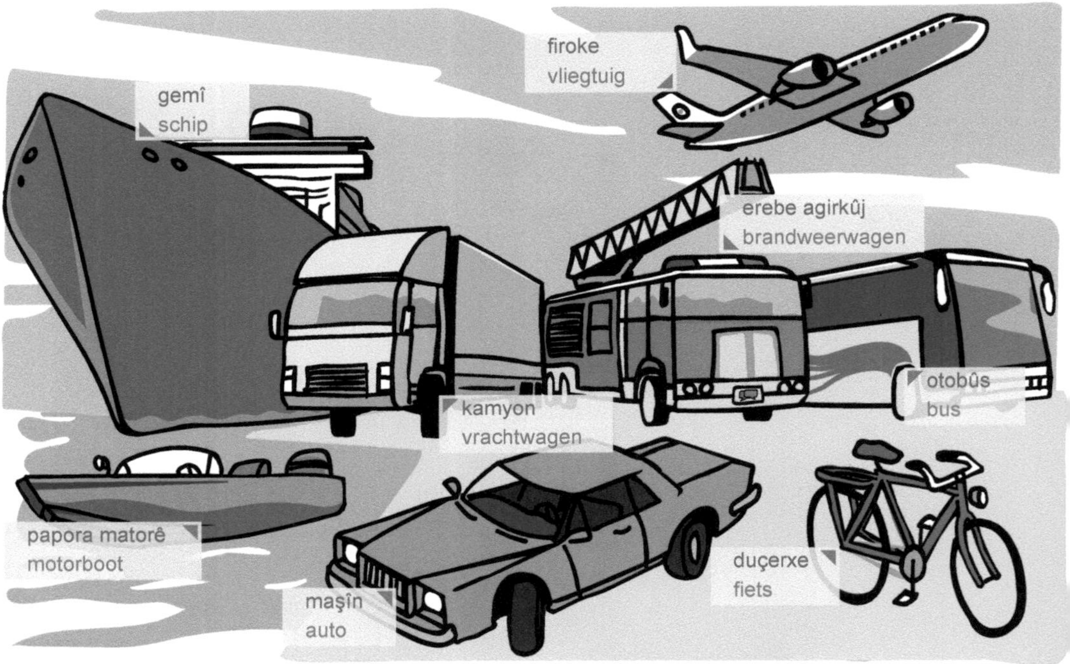

firoke
vliegtuig
gemî
schip
erebe agirkûj
brandweerwagen
otobûs
bus
kamyon
vrachtwagen
papora matorê
motorboot
duçerxe
fiets
maşîn
auto

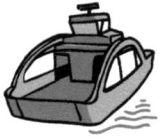

papor

veerboot

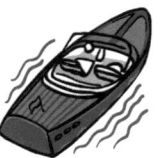

papor

boot

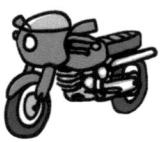

motorsîklêt

motor

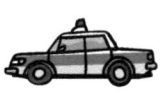

trimbêla polîsê

politiewagen

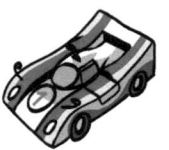

trimbêla pêşbaziyê

racewagen

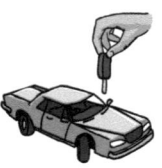

erebe kirêkirinê

huurauto

maşîn pervekirin

carpoolen

kamyona kişandinê

sleepwagen

kamyona xwelî

vuilniswagen

motorsîklêt

motor

mazot

benzine

îstegeha benzînê

benzinestation

tabloya tirafîkê

verkeersbord

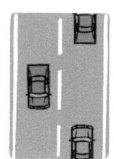

hatinûçûn

verkeer

tirafîk

file

cihê parkê

parkeerplaats

rawesteka trênê

station

rêç

sporen

trên

trein

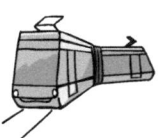

trênê kolanê

tram

erebe

wagon

babirok

helikopter

balafirgeh

luchthaven

birc

toren

misafir

passagier

qûtî

container

qûtî

karton

girgirok

kar

selik

mand

rabûn / nîştin

opstijgen / landen

bajar
stad

gund

dorp

navenda bajarê

stadscentrum

xanî

huis

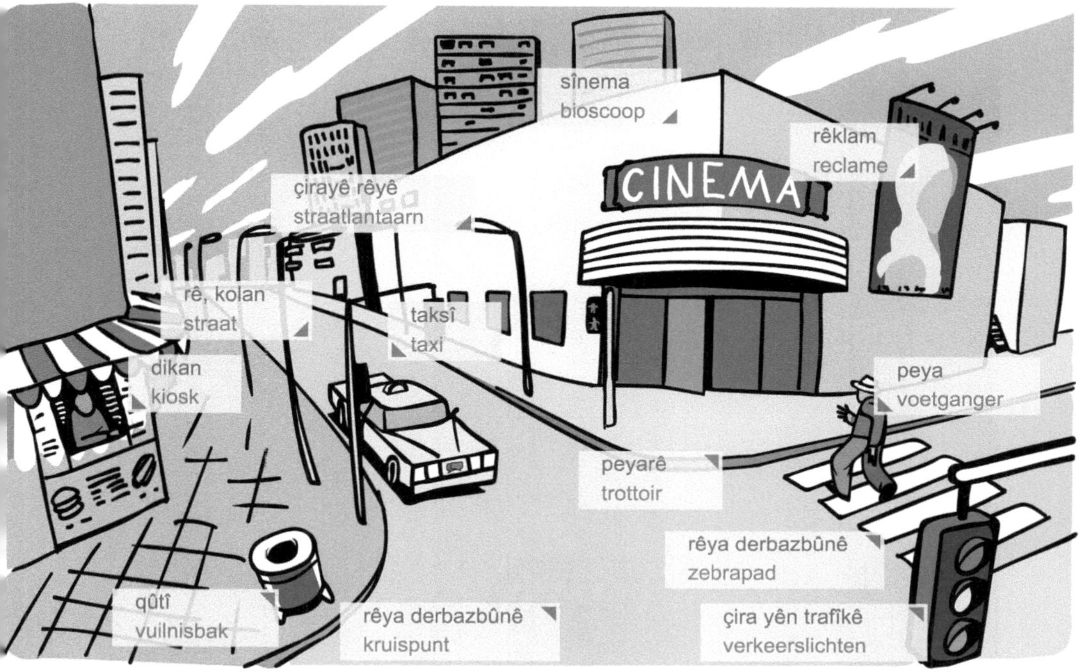
sînema
bioscoop
rêklam
reclame
CINEMA
çirayê rêyê
straatlantaarn
rê, kolan
straat
taksî
taxi
dikan
kiosk
peya
voetganger
peyarê
trottoir
rêya derbazbûnê
zebrapad
qûtî
vuilnisbak
rêya derbazbûnê
kruispunt
çira yên trafîkê
verkeerslichten

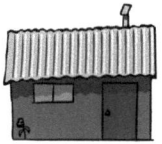

kox

hut

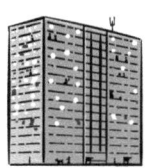

xanî

woning

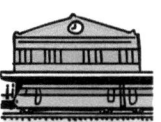

rawesteka trênê

station

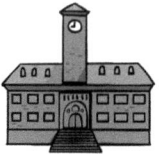

telara şarevanî

stadshuis

MUSEUM

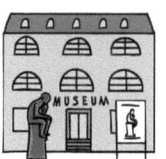

mûzexane

museum

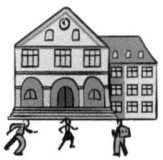

dibistan

school

zanîngeh

universiteit

bank

bank

nexweşxane

ziekenhuis

mêvanxane

hotel

dermanxane

apotheek

ofîs

kantoor

kitêbfiroşî

boekwinkel

dikan

winkel

gulfiroş

bloemenwinkel

bazar

supermarkt

bazar

markt

supermarket

warenhuis

masîfiroş

vishandelaar

navenda kirrîn

winkelcentrum

bender

haven

park
park

sekû
bank

pir
brug

derince
trap

jêr erdê
metro

tunnel
tunnel

îstgeha otobûs
bushalte

bar
bar

xwaringeh
restaurant

sindûqa postê
brievenbus

nîşanderka rêyê
straatnaambord

metra parkîngê
parkeermeter

baxça heywanan
zoo

hewza melevanî
zwembad

mizgeft
moskee

cotgeh
boerderij

lewitandina derdor
milieuverontreiniging

goristan
kerkhof

kenîse
kerk

erdê leyistinê
speelplaats

perestgeh
tempel

tebîet

landschap

gela
blad

nîşanderka rê
wegwijzer

rê
weg

mêrg
weide

kevir
steen

gerok
wandelaar

dar
boom

çem
rivier

giya
gras

kulîlk
bloem

dol

vallei

gir

heuvel

gol

meer

daristan

bos

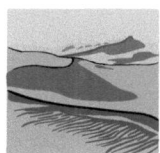

beyaban

woestijn

volkan

vulkaan

keleh

kasteel

keskesor

regenboog

kivark

paddenstoel

darqesp

palmboom

mixmixk

mug

mêş

vlieg

mêrî

mier

hing

bijl

pîrê

spin

kêzik

kever

beq

kikker

sihor

eekhoorn

jîjok

egel

kerguh

haas

pepûk

uil

çivîk

vogel

qû

zwaan

berazê kovî

wild zwijn

pezkovî

hert

pezkovî

eland

bendav

dam

tûrbîna ba

windturbine

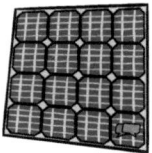

panela xorê

zonnepaneel

av û hewa

klimaat

xwaringeh
restaurant

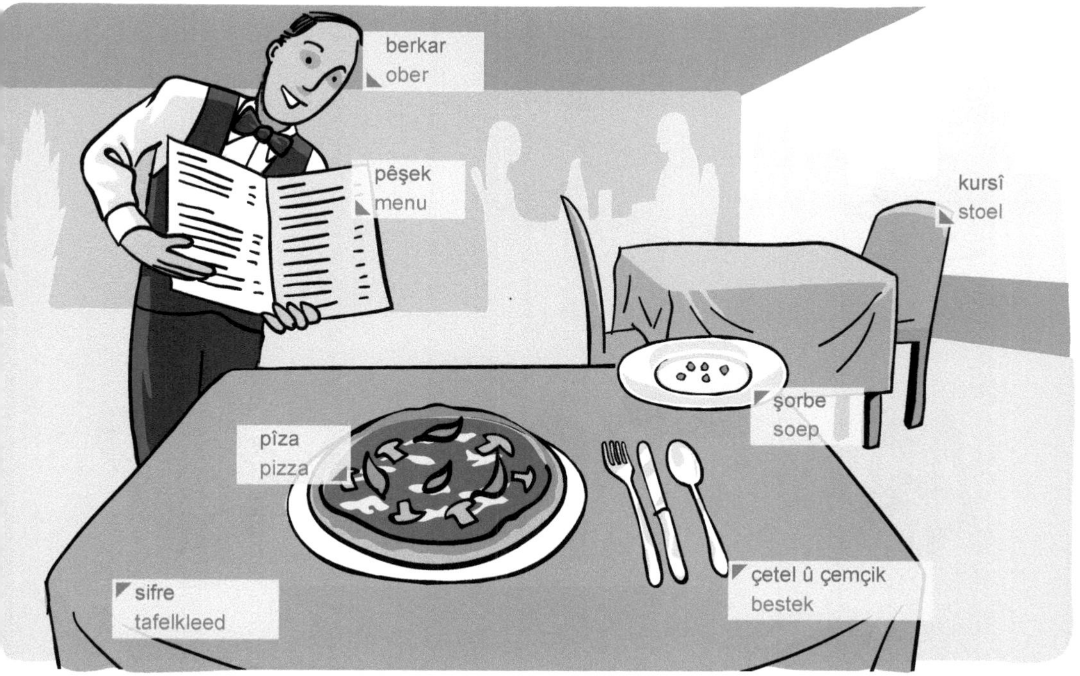
berkar
ober
pêşek
menu
kursî
stoel
şorbe
soep
pîza
pizza
çetel û çemçik
bestek
sifre
tafelkleed

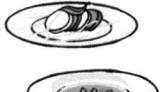

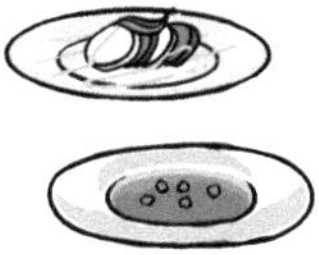

xwarina destpêk
voorgerecht

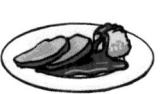

xwarina serekî
hoofdgerecht

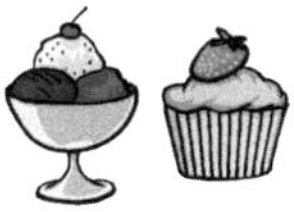

şêranî
nagerecht

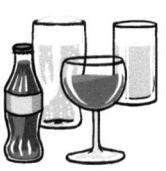

vexwarinan
drankjes

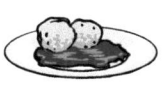

xwarin
eten

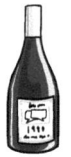

cam
fles

xwarina lez

fastfood

xwarina rêyê

street food

çaydanik

theepot

qûtî şekirê

suikerpot

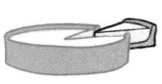

beş

portie

mekîna çêkirinê espresso

espressomachine

kursiya bilînd

kinderstoel

hesab

rekening

sênî

dienblad

kêr

mes

çetel

vork

kevçî

lepel

kevçiya çay

theelepel

pêşgir

serviette

qedeh

glas

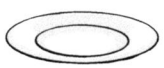

teyfik

bord

teyfika şorbe

soepbord

piyale

schoteltje

çênc

saus

xwêdank

zoutvatje

qûtî bîbar

pepermolen

sêk

azijn

rûn

olie

biharat

kruiden

ketçap

ketchup

mustard

mosterd

mayonêz

mayonaise

bazar
supermarkt

pêşkêşên taybet
aanbieding
FOR
mişterî
klant
şîremenî
zuivelproducten
fêkî
fruit
erebe
winkelwagen

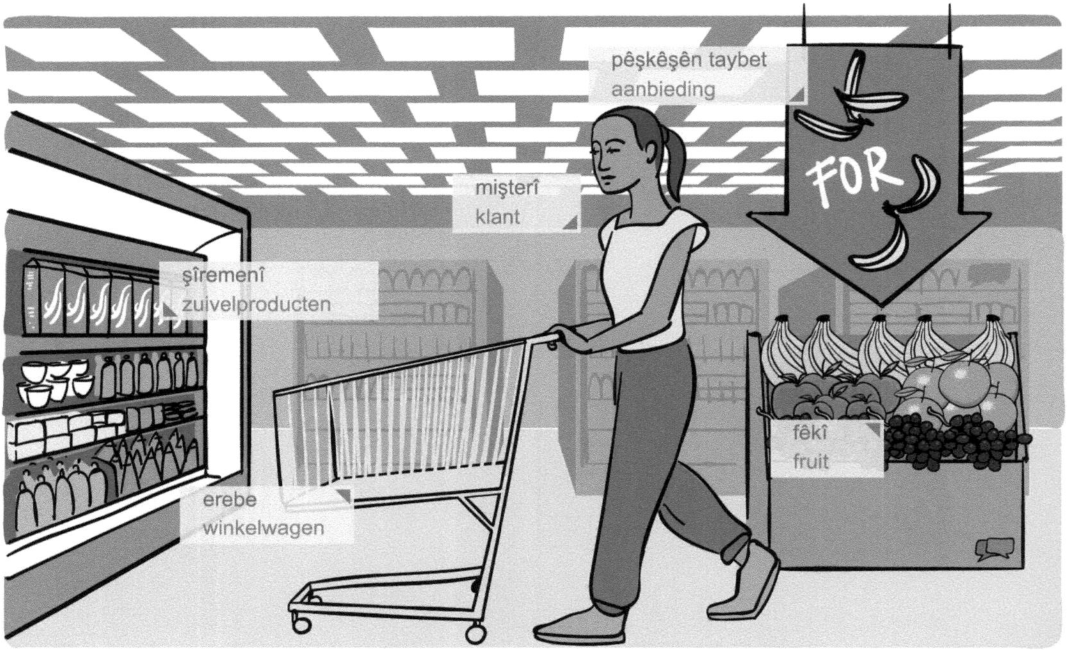

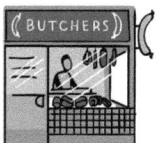

BUTCHERS

qesabî

slagerij

BAKERY

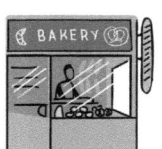

dikana nanpêj

bakkerij

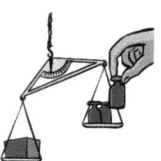

wezin kirin

wegen

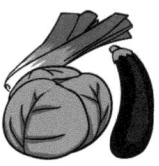

sebze

groenten

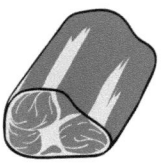

goşt

vlees

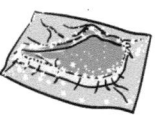

xwarinê cemedî

diepvriesvoedsel

goştê sar

charcuterie

xwarina pîlê

conserven

xubarê paqijkirinê

waspoeder

şirînî

snoep

berhemên navxweyî

huishoudproducten

berhemên paqijkirinê

schoonmaakproducten

firoşyar

verkoopster

xeznok

kassa

diravgir

kassier

lîsta kirrînê

boodschappenlijstje

demên vekirî

openingstijden

cizdan

portefeuille

kartê qerzê

kredietkaart

çewal

tas

çente

plastieken zakje

av
....
water

şerbet
....
sap

şîr
....
melk

komir
....
cola

şerab
....
wijn

bîra
....
bier

alkol
....
alcohol

kakwo
....
cacao

çay
....
thee

qehwe
....
koffie

espresso
....
espresso

kapoçîno
....
cappuccino

moz

banaan

sêv

appel

pirteqalî

sinaasappel

gundor

meloen

lîmon

citroen

gêzer

wortel

sîr

knoflook

qamir

bamboe

pîvaz

ajuin

qarçik

champignon

gewîz

noten

şihîre

noodles

spagêttî
....
spaghetti

birinc
....
rijst

selete
....
salade

çîps
....
frieten

peteteya biraştî
....
gebakken aardappelen

pîza
....
pizza

hamburger
....
hamburger

nanok
....
sandwich

goştê stûyê berxî
....
kalfslapje

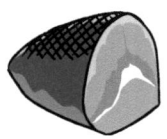

goştê hişkkirî
....
ham

salamê
....
salami

sosîs
....
worst

mirîşk
....
kip

bijartin
....
braden

masî
....
vis

şorbe bilûl

havervlokken

mûslî

muesli

kertên gilgilan

cornflakes

ard

bloem

croissant

croissant

semûn

pistolet

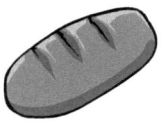

nan

brood

tost

toast

nanik

koekjes

nivîşk

boter

mast

kwark

kulîçe

taart

hêk

ei

hêka qelandî

spiegelei

penîr

kaas

dondirme

ijs

şekir

suiker

hingiv

honing

mireba

confituur

xameya nougat

choco

kurrî

curry

cotgeh
boerderij

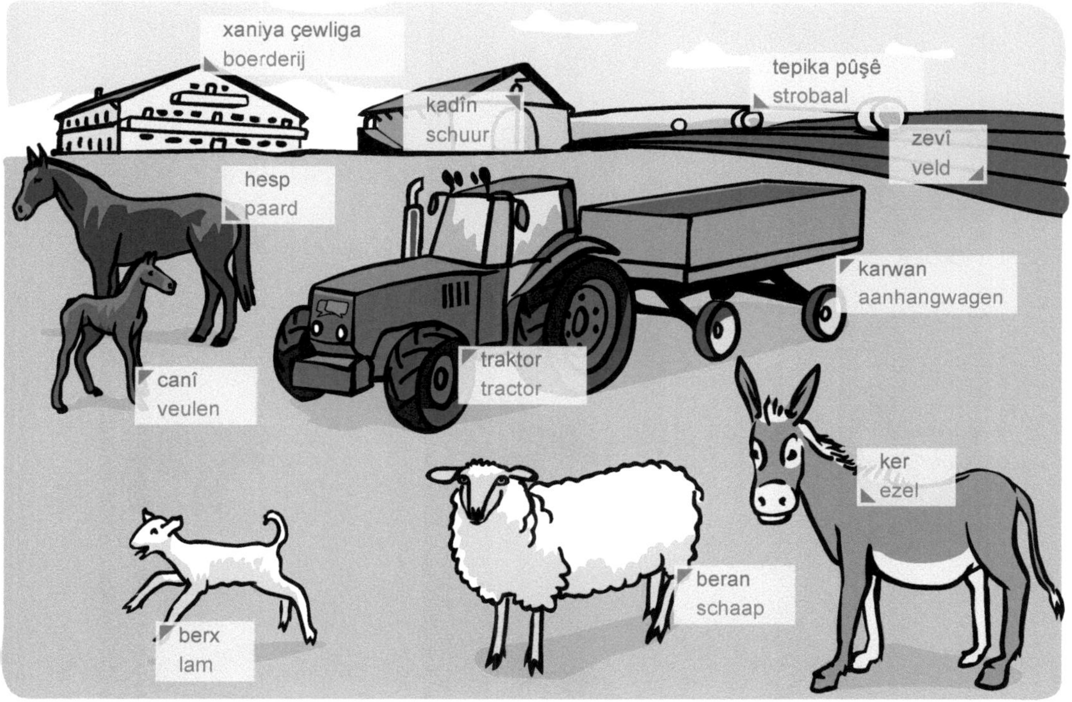
xaniya çewliga
boerderij
kadîn
schuur
tepika pûşê
strobaal
zevî
veld
hesp
paard
karwan
aanhangwagen
traktor
tractor
canî
veulen
ker
ezel
beran
schaap
berx
lam

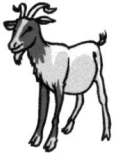

bizin
geit

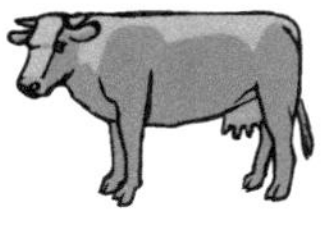

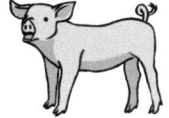

çêlek
koe

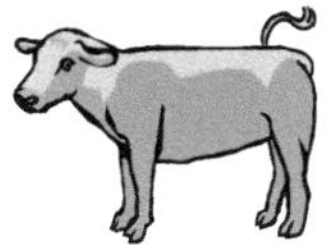

golik
kalf

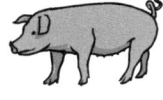

beraz
varken

xinzîrk
biggetje

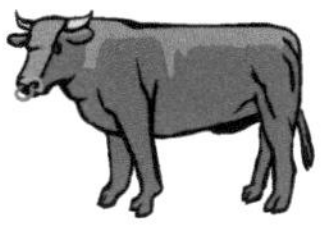

boxe
stier

qaz

gans

miravî

eend

cûçik

kuiken

mirîşk

kip

keleşêr

haan

circ

rat

kitik

kat

mişk

muis

ga

os

kûçik

hond

xaniya kûçikê

hondenhok

xanî baxê

tuinslang

qûtîka avdanê

gieter

şalûk

zeis

gasin

ploeg

das
sikkel

merbêr
schoffel

darsapik
hooivork

bivir
bijl

destgere
kruiwagen

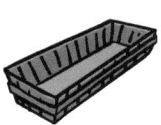

qûtî xwarina candaran
trog

qûtî şîr
melkkan

tûr
zak

çeper
hek

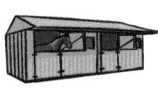

axur
stal

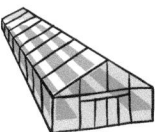

xana kulîlkan
broeikas

ax
bodem

dendik
zaad

peyn
mest

kombayn
maaidorser

zad

oogsten

zad

oogst

petete

yam

genim

tarwe

fasolî

soja

petete

aardappel

dexl

maïs

dindik

koolzaad

darê fêkî

fruitboom

sêvê bin erdê

maniok

zad

graan

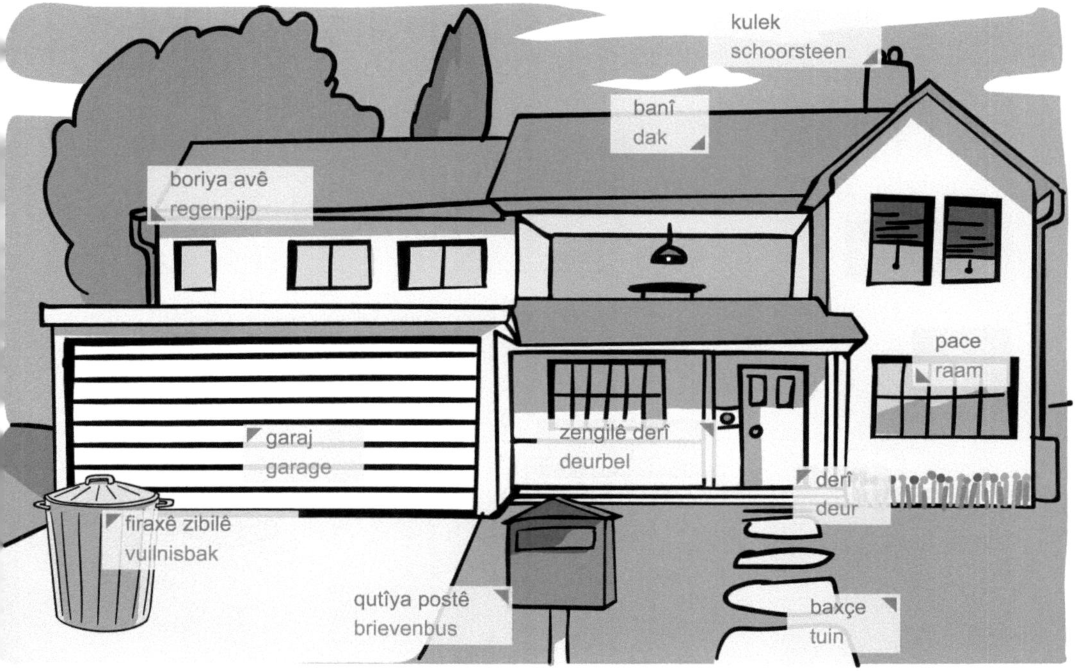

kulek
schoorsteen

banî
dak

boriya avê
regenpijp

pace
raam

garaj
garage

zengilê derî
deurbel

derî
deur

firaxê zibilê
vuilnisbak

qutîya postê
brievenbus

baxçe
tuin

oda rûniştinê

woonkamer

hemam

badkamer

metbex

keuken

oda xewê

slaapkamer

odeya zarok

kinderkamer

oda şîvê

eetkamer

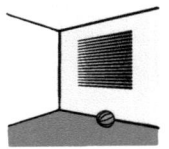

binî
vloer

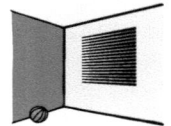

dîwar
muur

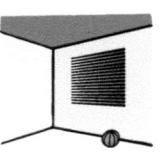

berban
plafond

xenzik
kelder

sauna
sauna

balkon
balkon

berdanik
terras

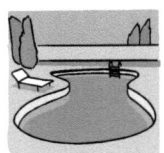

hewza melevanî
zwembad

çîmen birr
grasmaaier

melhefe
dekbedovertrek

betanî
dekbed

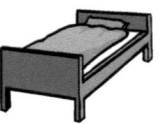

nivîn
bed

gezik
bezem

satil
emmer

kilîl
schakelaar

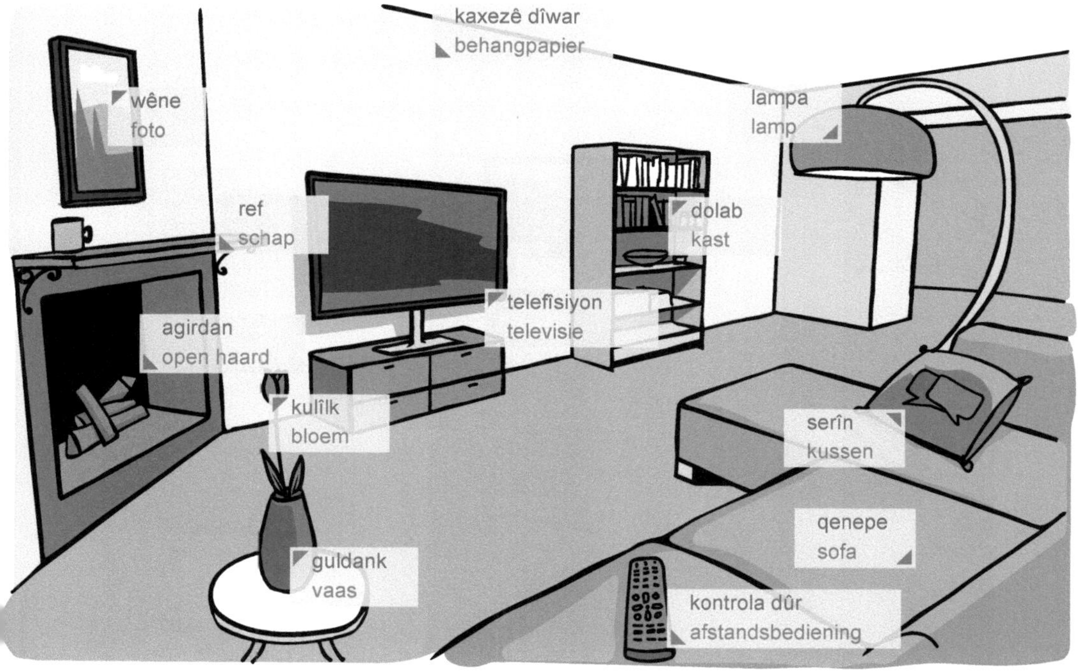

kaxezê dîwar
behangpapier

wêne
foto

lampa
lamp

ref
schap

dolab
kast

agirdan
open haard

telefîsiyon
televisie

kulîlk
bloem

serîn
kussen

qenepe
sofa

guldank
vaas

kontrola dûr
afstandsbediening

xalîçe
mat

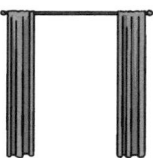

perde
gordijn

mêz
tafel

kursî
stoel

kursiya hejanok
schommelstoel

kursî
fauteuil

pirtûk
boek

betanî
deken

xemilandin
decoratie

êzing
brandhout

fîlm
film

hi-fi
stereo-installatie

kilîl
sleutel

rojname
krant

nîgar
schilderij

poster
poster

radyo
radio

defter
notitieboekje

sivnika elektrîkî
stofzuiger

kaktûs
cactus

mom
kaars

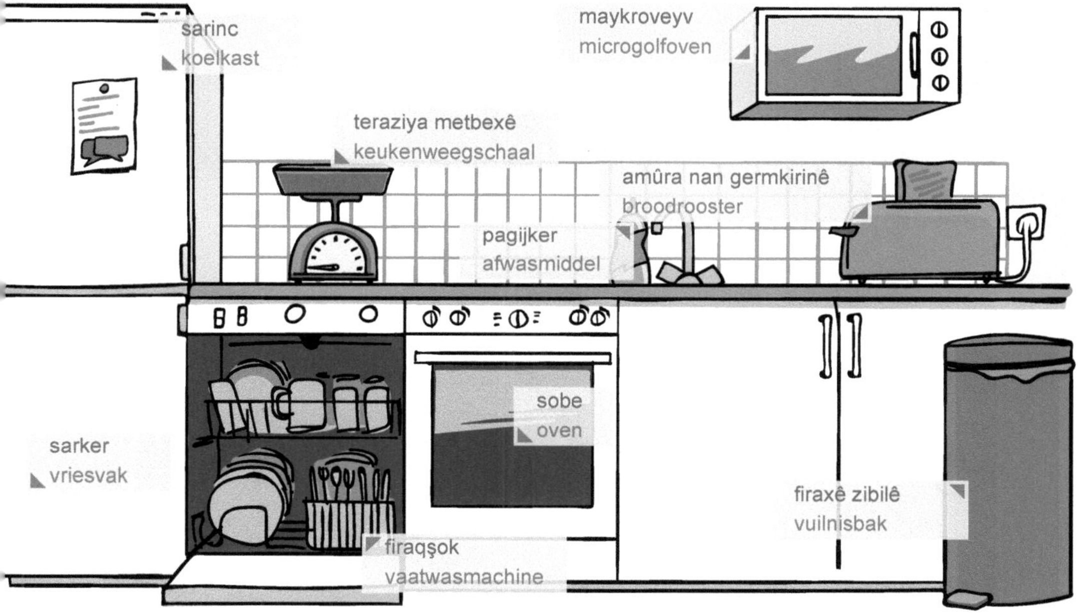

sarinc
koelkast

maykroveyv
microgolfoven

teraziya metbexê
keukenweegschaal

amûra nan germkirinê
broodrooster

pagijker
afwasmiddel

sobe
oven

sarker
vriesvak

firaxê zibilê
vuilnisbak

firaqşok
vaatwasmachine

sobe
....
fornuis

aman
....
pot

amaê ûtû
....
gietijzeren pot

firaqê mezin
....
wok / kadai

dîzik
....
pan

kelînk
....
waterkoker

firaqê hilmê

stoomkoker

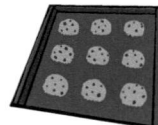

sênî nanê

bakplaat

firaq

servies

piyale

mok

kasik

kom

darê nanxwarin

eetstokjes

hesk

pollepel

kevçiya mezin

spatel

rînek

garde

kefgîr

vergiet

bêjing

zeef

rêşker

rasp

destar

mortier

biraştin

barbecue

agirê vala

haardvuur

texteya birrînê

snijplank

darikê tîrê

deegrol

devik badek

kurkentrekker

qûtî

blik

qûtîvekir

blikopener

cawê amanan

pannenlap

destşo

gootsteen

firçe

borstel

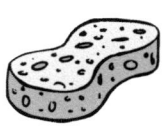

parazoa

spons

tevdêr

blender

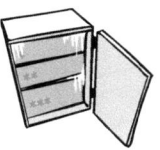

sarkerê cemedî

vriezer

şûşe bebikan

papfles

henefî

kraan

hemam
badkamer

dûş
douche
germijank
verwarming
xawlî
handdoek
perdeya hemamê
douchegordijn
kefê hemam
bubbelbad
hewza hemam
badkuip
qedeh
glas
cilşok
wasmachine
henefî
kraan
acûr
tegels
tiwaleta zarokan
kinderpo
destşo
gootsteen

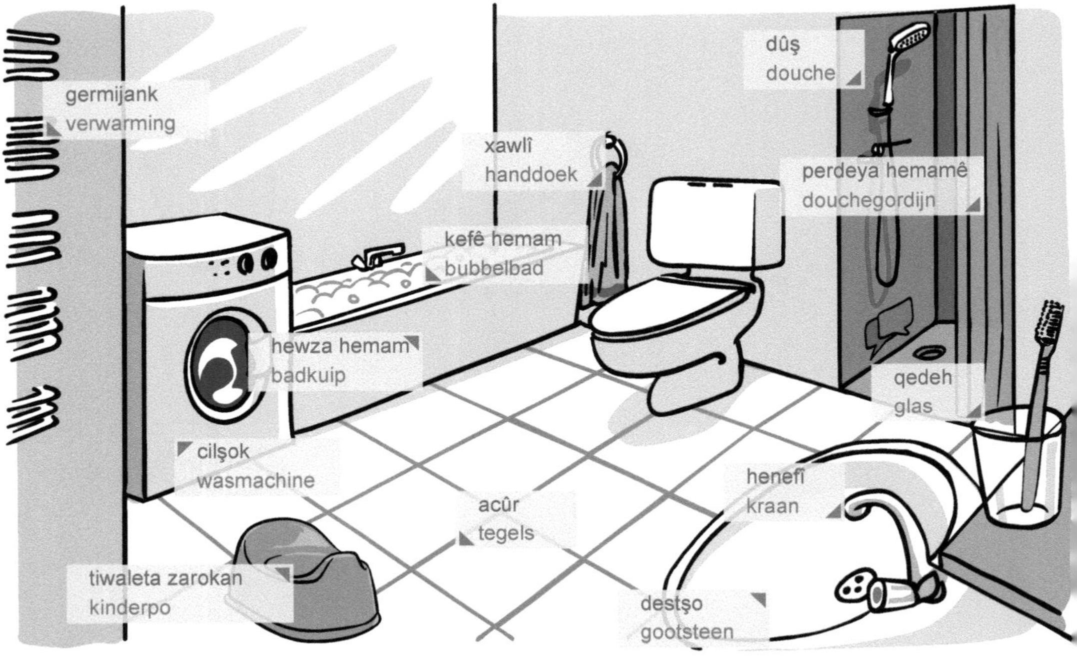

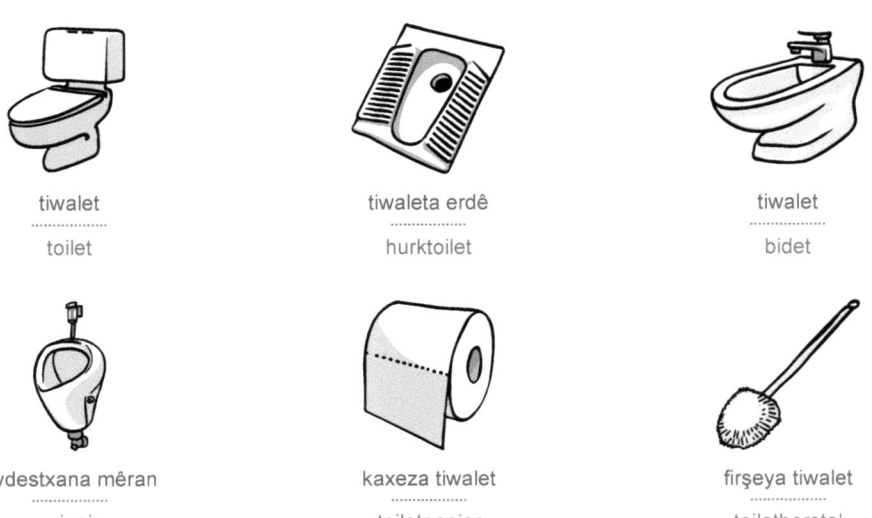

tiwalet

toilet

tiwaleta erdê

hurktoilet

tiwalet

bidet

avdestxana mêran

urinoir

kaxeza tiwalet

toiletpapier

firşeya tiwalet

toiletborstel

firçeya diran

tandenborstel

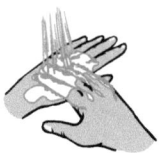

şûştin

wassen

mecûna diran

tandpasta

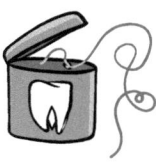

nexa didan

flosdraad

dûşê destê

handdouche

dûş

bidethanddouche

destşo

waskom

firça pişt

rugborstel

sabûn

zeep

cêlê hemam

douchegel

şampo

shampoo

fanîle

washandje

zêrab

afvoer

kirêm

crème

bêhn xweşkir

deodorant

mirêk

spiegel

mirêka destê

handspiegel

gûzan

scheermes

kefê teraşînê

scheerschuim

mecûna piştî teraşînê

aftershave

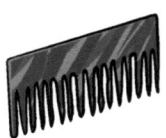

şeh

kam

firçe

borstel

por hîşikkir

haardroger

sipraya porê

haarlak

kozmetîk

make-up

soravk

lippenstift

rengê nînok

nagellak

pembû

watten

meqesta nînok

nagelknipper

parfûm

parfum

çewalê hemamê

toilettas

kursiya bêpişt

kruk

terazî

weegschaal

kinca hemamê

badjas

lepika lastîkê

latex handschoenen

tampon

tampon

xawliya paqijkirinê

maandverband

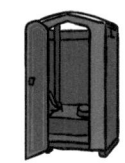

tiwaleta kîmîyewî

chemisch toilet

odeya zarok
kinderkamer

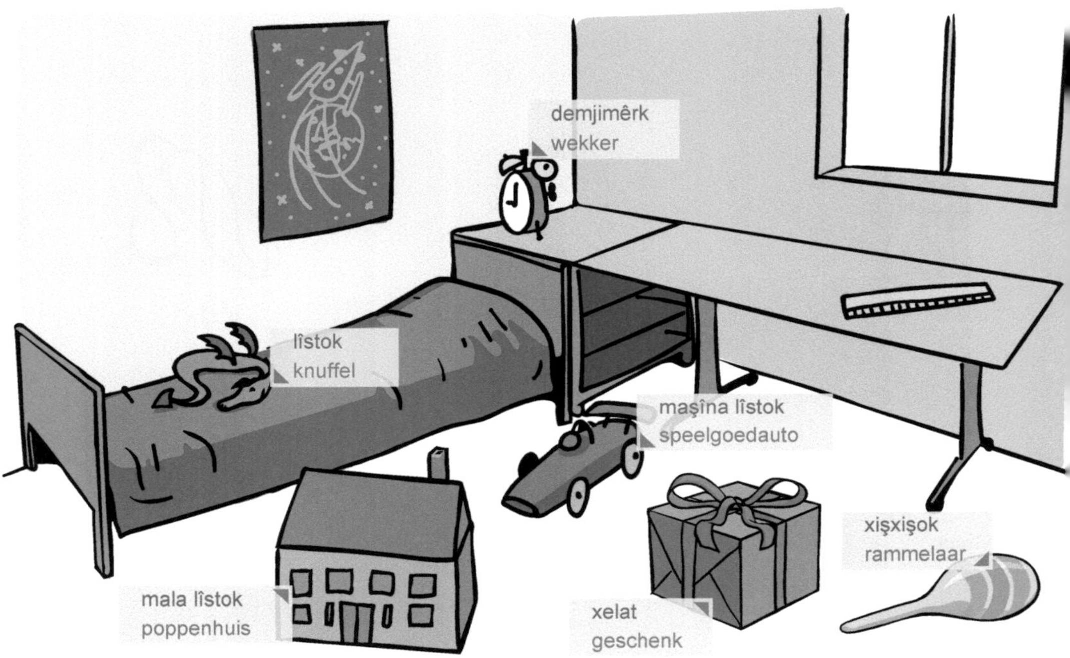

demjimêrk
wekker
lîstok
knuffel
maşîna lîstok
speelgoedauto
xişxişok
rammelaar
mala lîstok
poppenhuis
xelat
geschenk

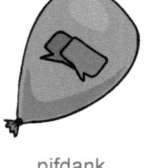

pifdank

ballon

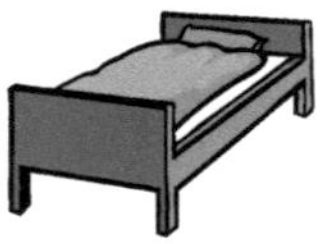

nivîn

bed

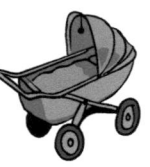

koçk

kinderwagen

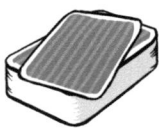

lîstika kartê

spel kaarten

frîzbî

puzzel

SUPER
MEGA

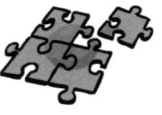

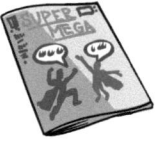

komîk

stripboek

acûra lêgo

legoblokjes

acûra lîstok

blokken

bûke şûşe

actiefiguur

kinca bebikan

kruippakje

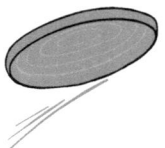

frizbee

frisbee

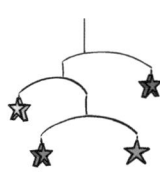

veguhestin

mobiel

lîstikên texte

bordspel

mor

dobbelsteen

modêla trênê

modelspoorweg

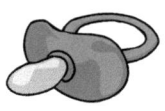

memik

fopspeen

cejn

feest

kitêba wêne

prentenboek

top

bal

bûke şûşe

pop

leyîstin

spelen

kuna xîzê

zandbak

colane

schommel

lîstokan

speelgoed

lîstika vîdeoyî

spelconsole

sêçerxe

driewieler

hirça lîstok

knuffelbeer

cildank

kleerkast

kinc

kleding

gore

sokken

gore

kousen

derpêgorê

maillot

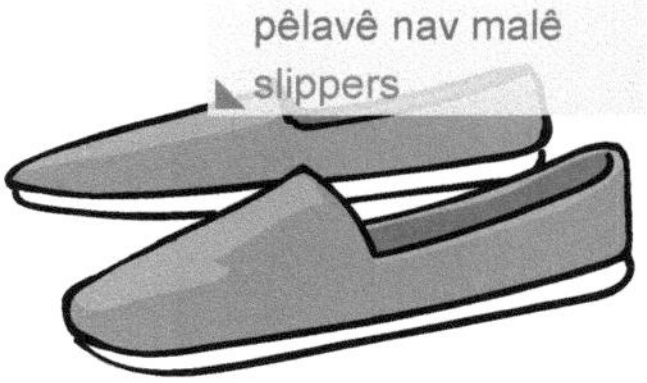

şal
sjaal

çetir
paraplu

kiras
T-shirt

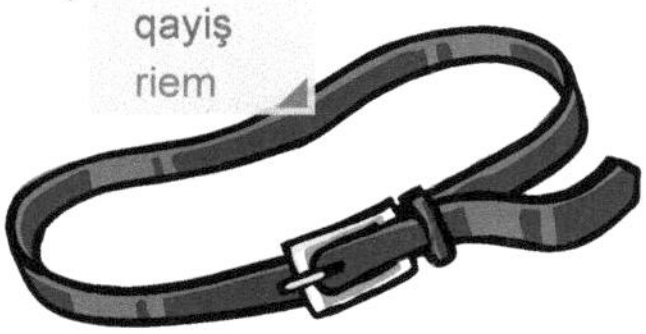

qayiş
riem

şekal
laarzen

pêlavê nav malê
slippers

pêlav
sneakers

solik
....
sandalen

sol
....
schoenen

potîna çermê
....
rubberlaarzen

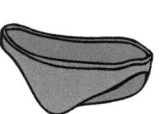

pantolê jêr
....
onderbroek

pêsîrbend
....
beha

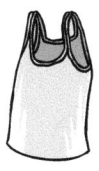

çekbend
....
onderhemd

cendek
lichaam

pantol
broek

jeans
jeans

daman
rok

kiras
blouse

kiras
hemd

fanêle
trui

fanêle
capuchontrui

cakêt
blazer

sako
jas

çaket
jas

baranî
regenjas

lebas
kostuum

fîstan
jurk

cilê dawetê
trouwjurk

kostum
pak

pêcame
nachthemd

pêcame
pyjama

saree
sari

leçik
hoofddoek

mêzer
tulband

hêram
boerka

kaftan
kaftan

eba
abaya

kinca ajnêkirin
badpak

cilka melevanî
zwembroek

şort
short

cila hêvojkarî
trainingspak

pêşmal
schort

lepik
handschoenen

dûgme

knoop

berçavik

bril

bazin

armband

gerdenî

ketting

gustîl

ring

guhark

oorbel

devik

pet

hilavistek

kapstok

kûm

hoed

kirawat

das

zîp

rits

serparêz

helm

derzî

bretellen

kinca dibistanê

schooluniform

yûnîform

uniform

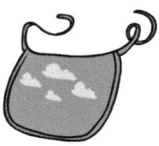

berdilk

slabbetje

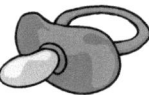

memik

fopspeen

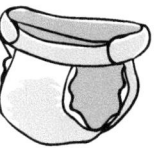

pundax

luier

ofîs
kantoor

pêşkeşker
server
dolabê belge
dossierkast
kaxez
papier
çaper
printer
nîşander
monitor
mase
bureau
mişk
muis
defter
map
klavye
toestenbord
sepeta kaxezê
papiermand
komputer
computer
kursî
stoel

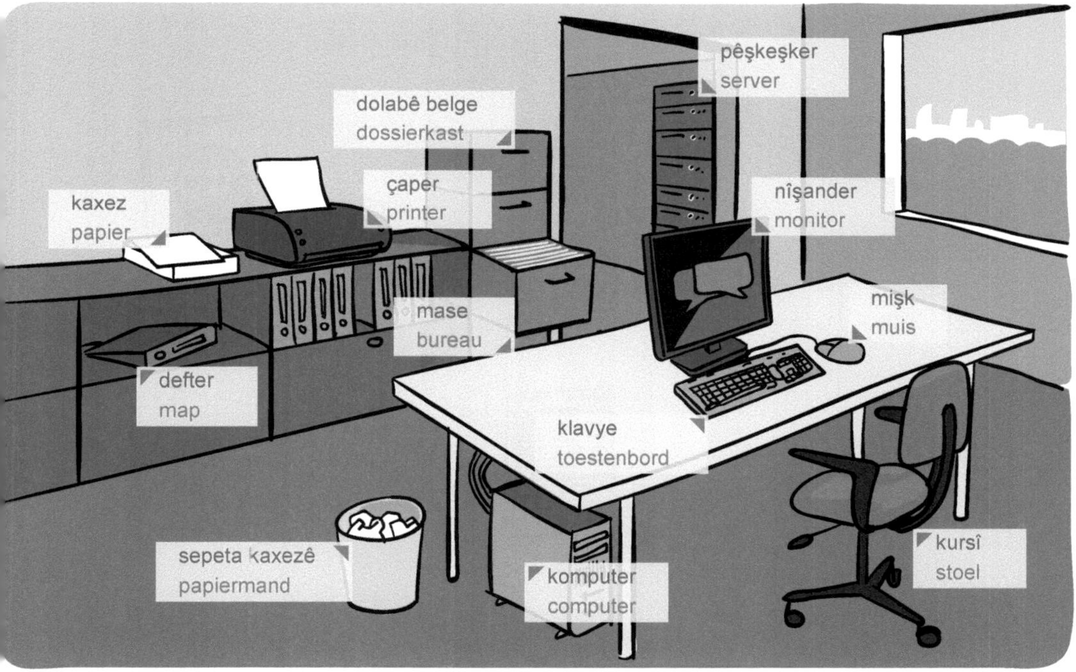

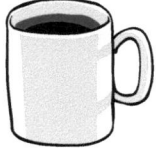

kasika qehwe

koffiemok

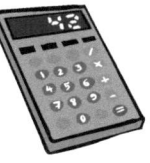

hesabker

rekenmachine

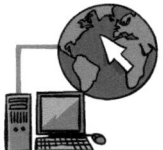

înternet

internet

komputera laptop

laptop

name

brief

peyam

bericht

telefona mobîl

gsm

tor

netwerk

mekîna fotokopî

kopieerapparaat

software

software

telefon

telefoon

socketa fîşek

stopcontact

mekîna faxê

fax

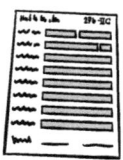

form

formulier

belge

document

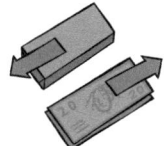

standin

kopen

pere dan

betalen

bazirganî

handelen

pere

geld

dollar

dollar

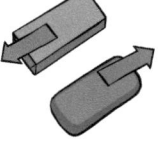  

yoro

euro

yenê Japonê

yen

roblê Rûsî

roebel

firankê Swîsê

Zwitserse frank

yuanê Çînê

Chinese renminbi

rûpee Hindî

roepie

mekîna jixwebera dirav

geldautomaat

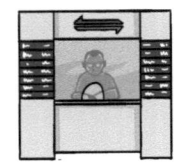

ofîsa pere veguhartinê

wisselkantoor

zêrr

goud

zîv

zilver

neft

olie

wize

energie

biha

prijs

peyman

contract

tax

belasting

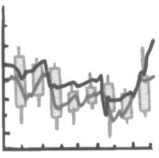

seham

aandeel

karkirin

werken

karker

werknemer

karda

werkgever

fabrîka

fabriek

dikan

winkel

profesyon
beroepen

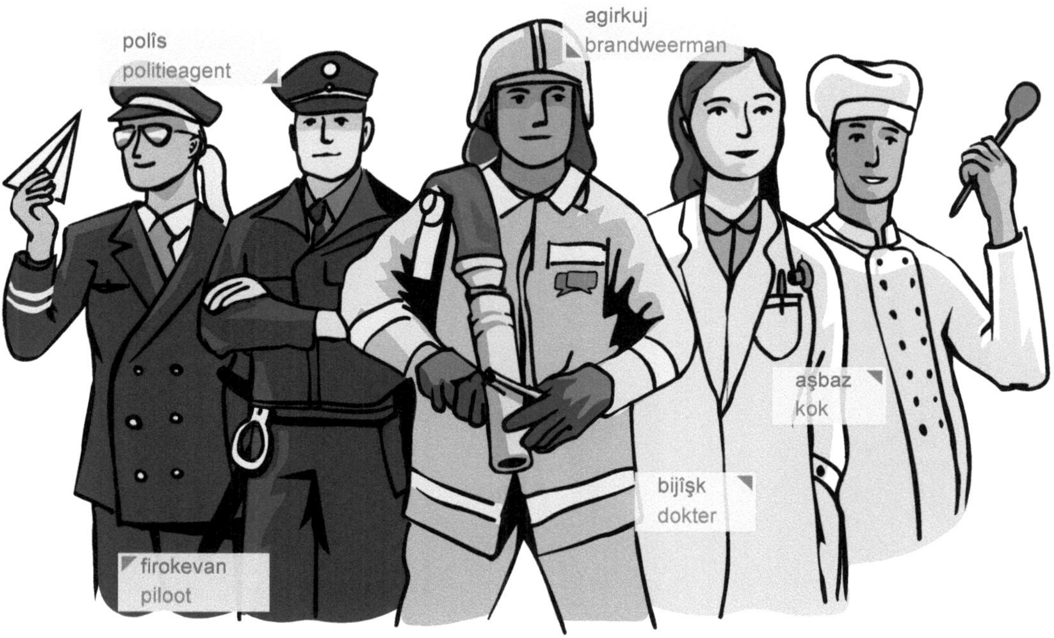
polîs
politieagent
agirkuj
brandweerman
aşbaz
kok
bijîşk
dokter
firokevan
piloot

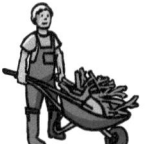

baxçevan

tuinman

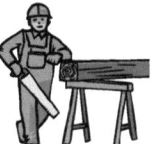

necar

timmerman

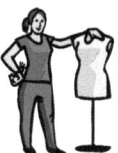

dirûnvan

naaister

hakim

rechter

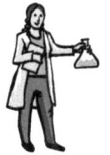

şîmyazan

chemicus

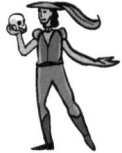

şanoger

acteur

şufêrê basê

buschauffeur

şufêrekî taksiyê

taxichauffeur

masîvan

visser

pagijker

schoonmaakster

çêkirê banî

dakdekker

berkar

ober

nêçirvan

jager

rengrês

schilder

nanpêj

bakker

karebavan

elektricien

avaker

bouwvakker

endezyar

ingenieur

qesab

slager

lûlekar

loodgieter

postevan

postbode

esker

soldaat

mîmar

architect

diravgir

kassier

firotkara çîçekan

bloemist

porçêker

kapper

ajovan

conducteur

mekanîk

mecanicien

keştîvan

kapitein

pizîşka didanan

tandarts

zanistyar

wetenschapper

rûhan

rabbijn

îmam

imam

keşe

monnik

keşîş

geestelijke

amûran
werktuigen

çekûç
hamer
mûçîng
tang
cerbader
schroevendraaier
açer
schroefsleutel
dara çira
zaklamp

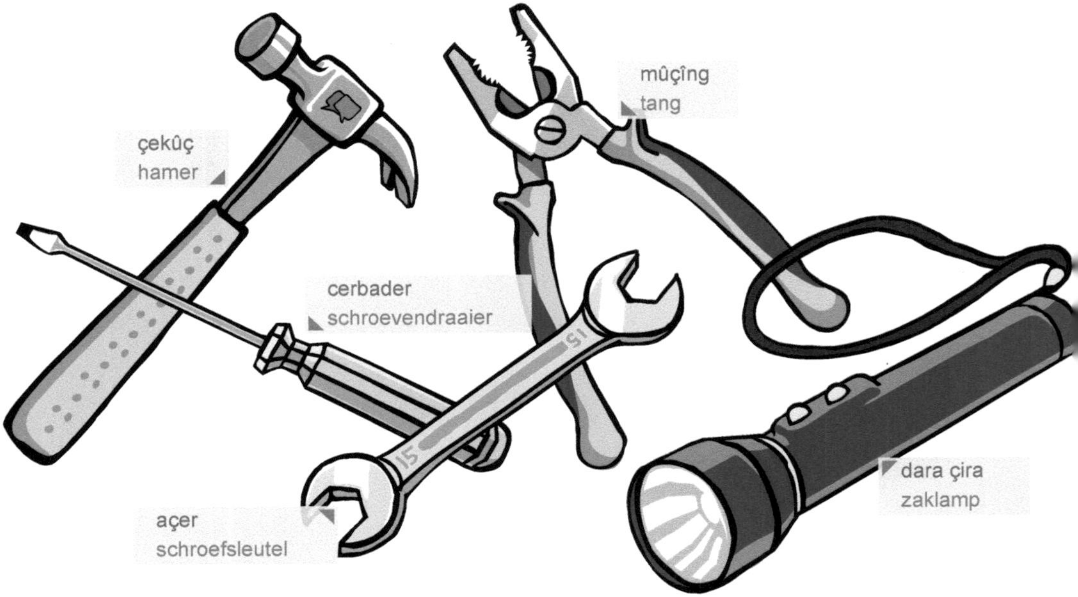

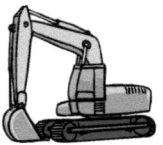

şofel

graafmachine

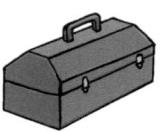

qûtiya amûran

gereedschapskoffer

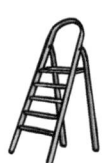

peyje

ladder

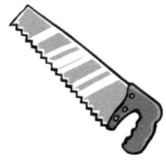

mişar

zaag

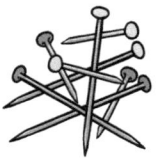

mîx

spijkers

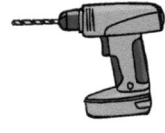

qulkirin

boormachine

çêkirin

repareren

merbêr

schop

nalet!

Verdomme!

bêl

blik

qûtiya rengê

verfpot

cerr

schroeven

amûrên mûzîkê

muziekinstrumenten

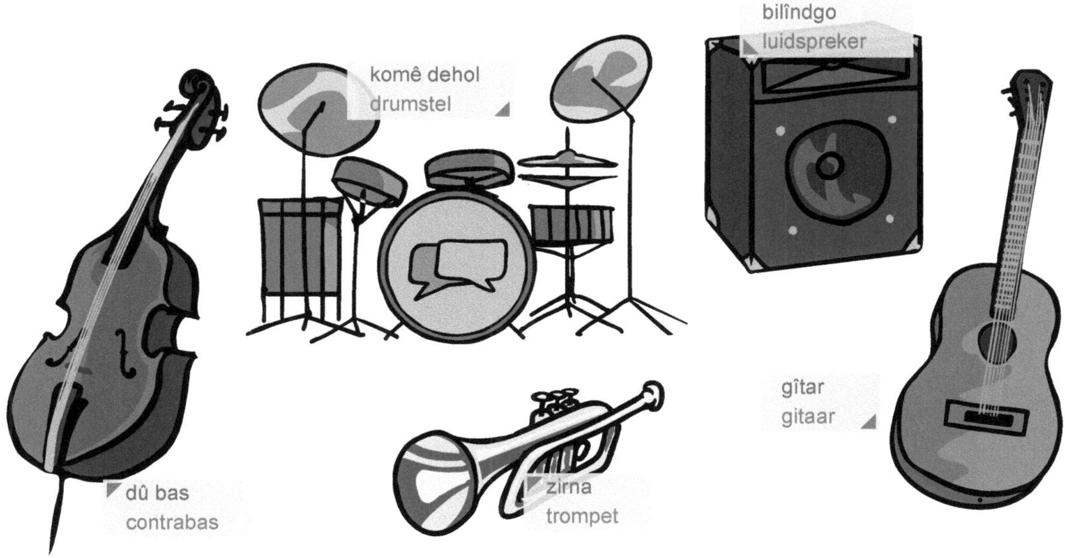

bilîndgo
luidspreker

komê dehol
drumstel

gîtar
gitaar

dû bas
contrabas

zirna
trompet

piyano

piano

viyolîn

viool

bas

basgitaar

dehol

pauk

dahol

trommels

keyboard

keyboard

saksofon

saxofoon

bilûr

fluit

mîkrofon

microfoon

amûrên mûzîkê - muziekinstrumenten

baxça heywanan

zoo

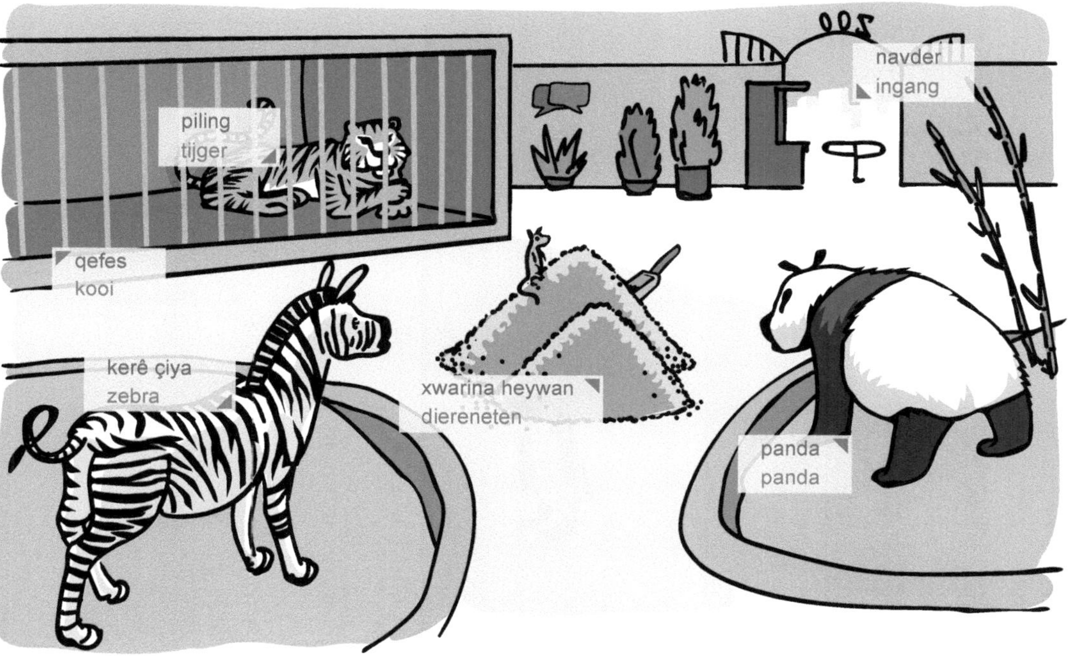

piling
tijger
navder
ingang
qefes
kooi
kerê çiya
zebra
xwarina heywan
dierenteten
panda
panda

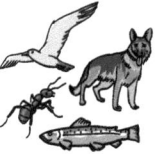

heywan

dieren

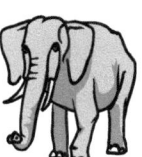

fîl

olifant

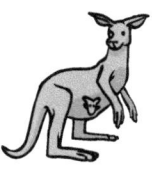

kangarû

kangoeroe

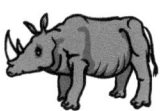

kerkeden

neushoorn

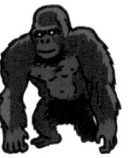

gorîl

gorilla

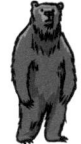

hirç

beer

hêştir

kameel

hêştirme

struisvogel

şêr

leeuw

meymûn

aap

flamîngo

flamingo

papaxan

papegaai

hirça cemserî

ijsbeer

penguîn

pinguïn

semasî

haai

tawûs

pauw

mar

slang

timsah

krokodil

parêzera baxça ajalan

dierenverzorger

seya derya

zeehond

piling

jaguar

hesp

pony

piling

luipaard

hespê rûbar

nijlpaard

canhêştir

giraffe

helo

adelaar

berazê kovî

wild zwijn

masî

vis

kûsî

zeeschildpad

walras

walrus

rovî

vos

xezal

gazelle

fûtbolê Amerîka
rugby

bisiklêtan
wielrennen

tenîs
tennis

baskêtbol
basketbal

avjenîkirin
zwemmen

boxing
boksen

hokeya ser cemedê
ijshockey

fûtbol
voetbal

badminton
badminton

yê atletîzmê
atletiek

hendbol
handbal

befirajotin
skiën

polo
polo

çalakiyan
activiteiten

kenîn
lachen
hilpeke
springen
hembêz
knuffelen
birêveçûn
wandelen
lawje gutin
zingen
xewn dîtin
dromen
nimêj kirin
bidden
maçkirin
kussen

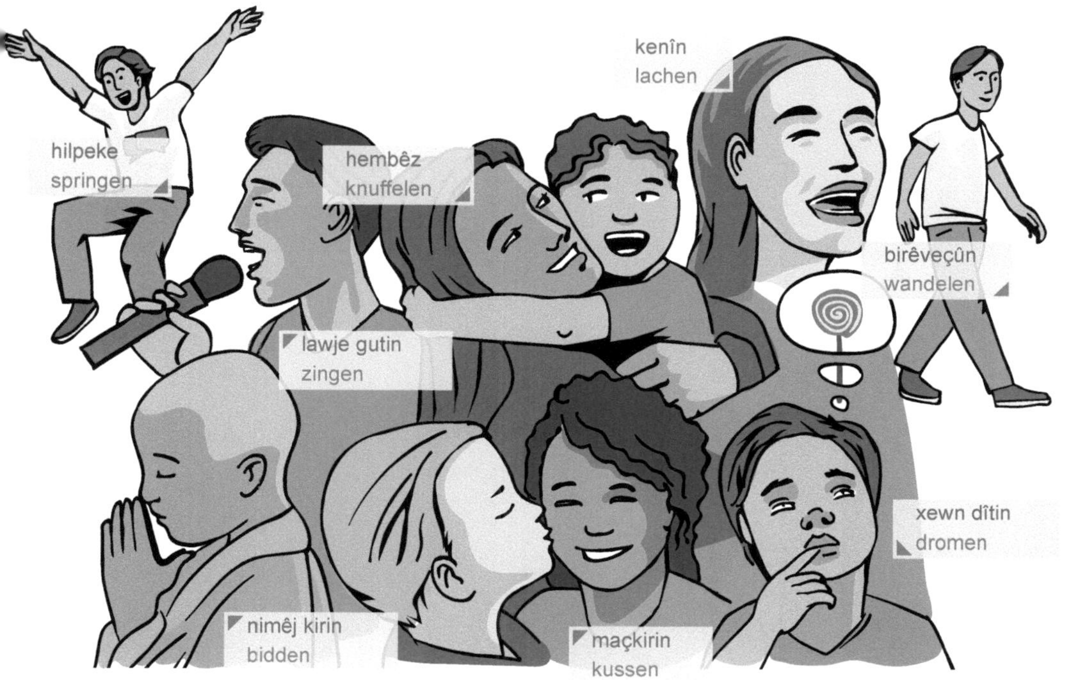

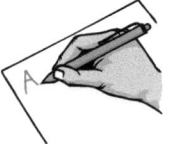

nivîsandin

schrijven

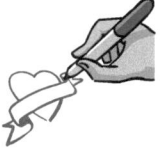

nîgar kêşan

tekenen

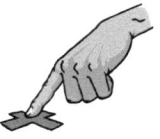

nîşan dan

tonen

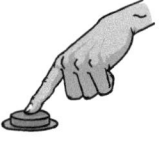

paldan

duwen

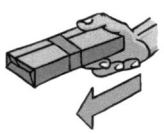

dayîn

geven

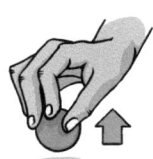

rakirin

nemen

heyîn

hebben

kirin

doen

bûn

zijn

sekinîn

staan

bazdan

lopen

kişandin

trekken

avêtin

gooien

ketin

vallen

derew kirin

liggen

sekinîn

wachten

guhêztin

dragen

rûniştin

zitten

cil berkirin

aankleden

razan

slapen

rabûn

ontwaken

mêze kirin

kijken naar

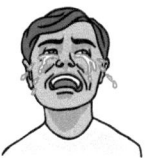

girîn

wenen

celte

aaien

şe kirin

kammen

peyvîn

praten

famkirin

begrijpen

pirskirin

vragen

bihîstin

luisteren

vexwarin

drinken

xwarin

eten

kom kirin

opruimen

hezkirin

houden van

xwarin çêkirin

koken

ajotin

rijden

firrîn

vliegen

kesştîvanî

zeilen

hesibandin

rekenen

xwandin

Lezen

hînbûn

leren

karkirin

werken

zewicîn

trouwen

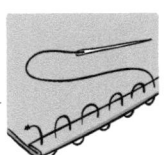

dirûtin

naaien

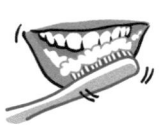

didan şûtin

tandenpoetsen

kuştin

doden

dûxan

roken

şandin

sturen

malbat
familie

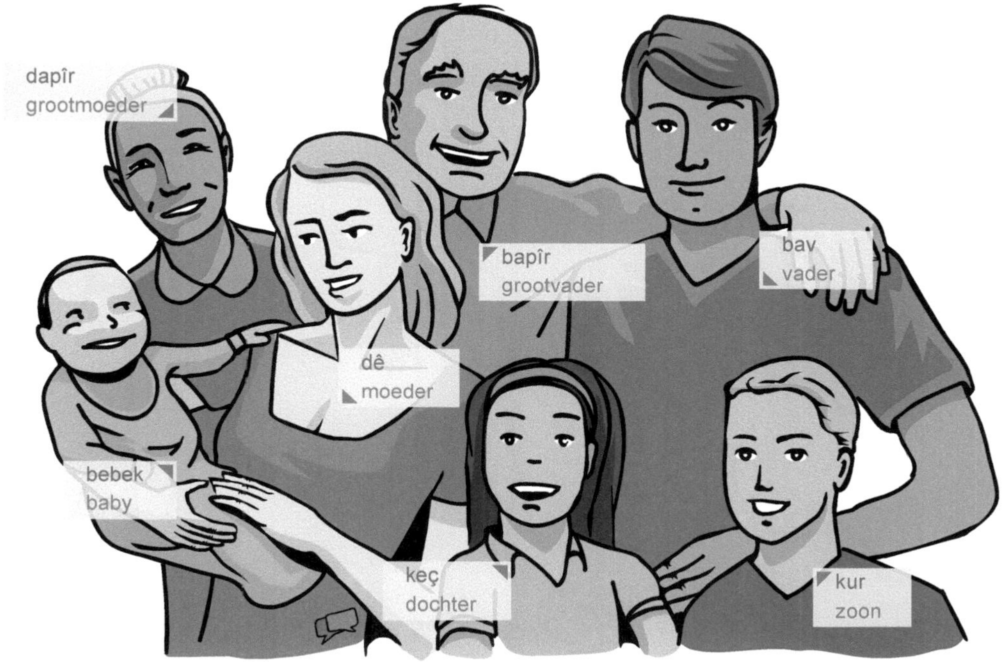
dapîr
grootmoeder
bapîr
grootvader
bav
vader
dê
moeder
bebek
baby
keç
dochter
kur
zoon

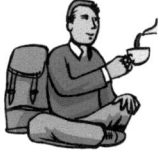

mêvan

gast

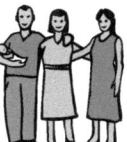

met

tante

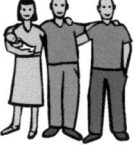

ap/xal

oom

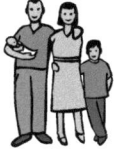

bira

broer

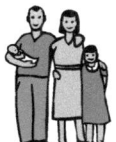

xwişl

zus

beden
lichaam

enî
voorhoofd
çav
oog
mil
schouder
tilî
vinger
rû
gezicht
zenî
kin
dest
hand
ling
been
sîng
borst
pîl
arm

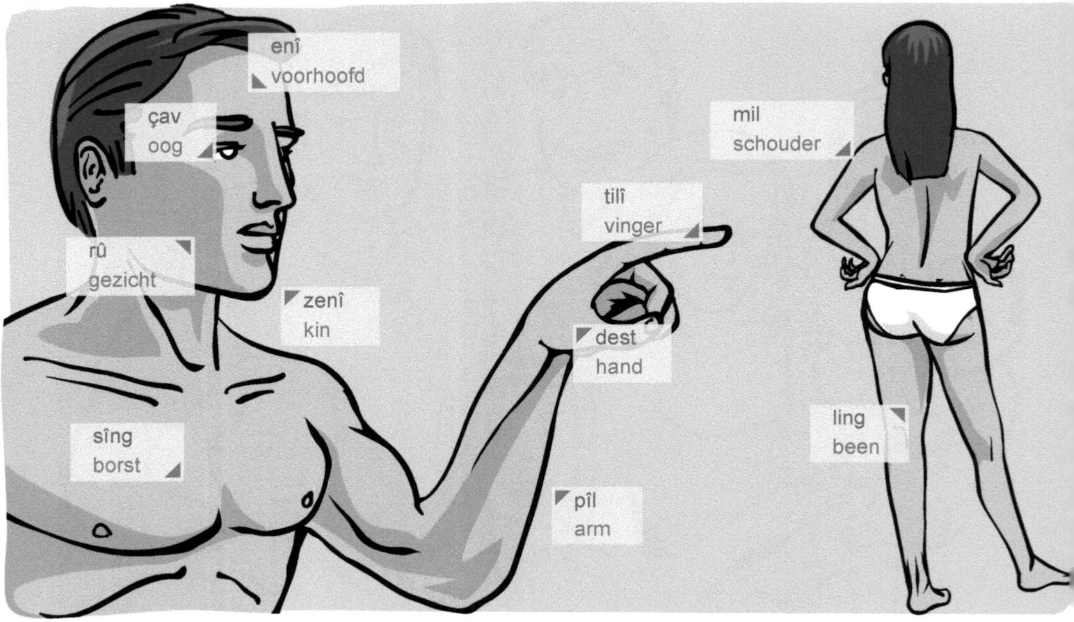

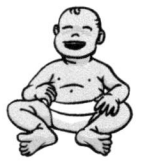

bebek
baby

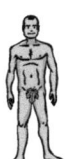

mêr
man

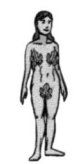

jin
vrouw

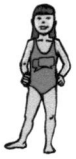

keç
meisje

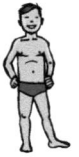

kor
jongen

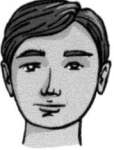

ser
hoofd

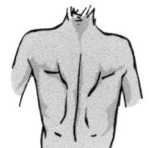

pişt

rug

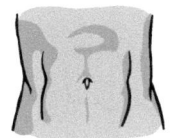

zik

buik

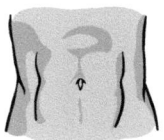

navik

navel

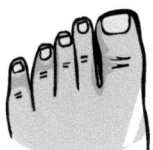

tilîya pê

teen

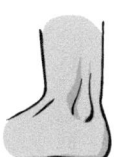

panî

hiel

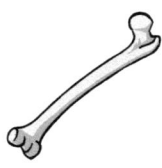

hestî

bot

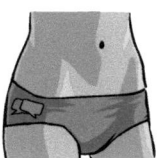

kûlîmek

heup

jûnî

knie

enîşk

elleboog

difn

neus

qûn

zitvlak

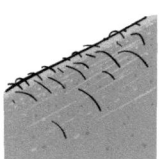

çerm

huid

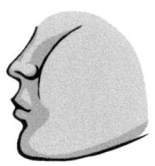

rû

wang

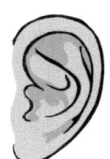

gûh

oor

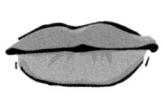

lêv

lip

dev
mond

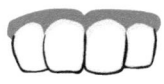

diran
tand

ziman
tong

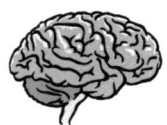

mêjî
hersenen

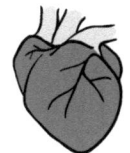

dil
hart

masûl
spier

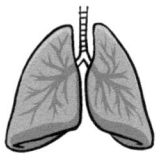

cîgera spî
long

ceger
lever

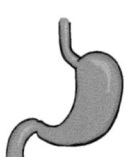

made
maag

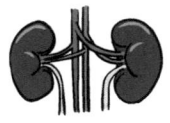

gûrçikan
nieren

cotbûn
seks

kondom
condoom

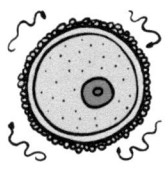

hêk
eicel

tov
sperma

dûcanî
zwangerschap

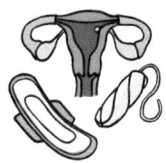

ade

menstruatie

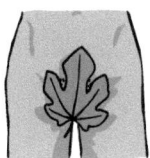

qûz

vagina

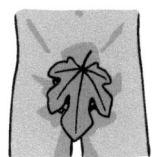

kîr

penis

birû

wenkbrauw

por

haar

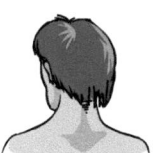

hûstû

nek

nexweşxane
ziekenhuis

nexweşxane
ziekenhuis
ereba nexweşan
ambulance
ereboka kûllekan
rolstoel
şikeste
breuk

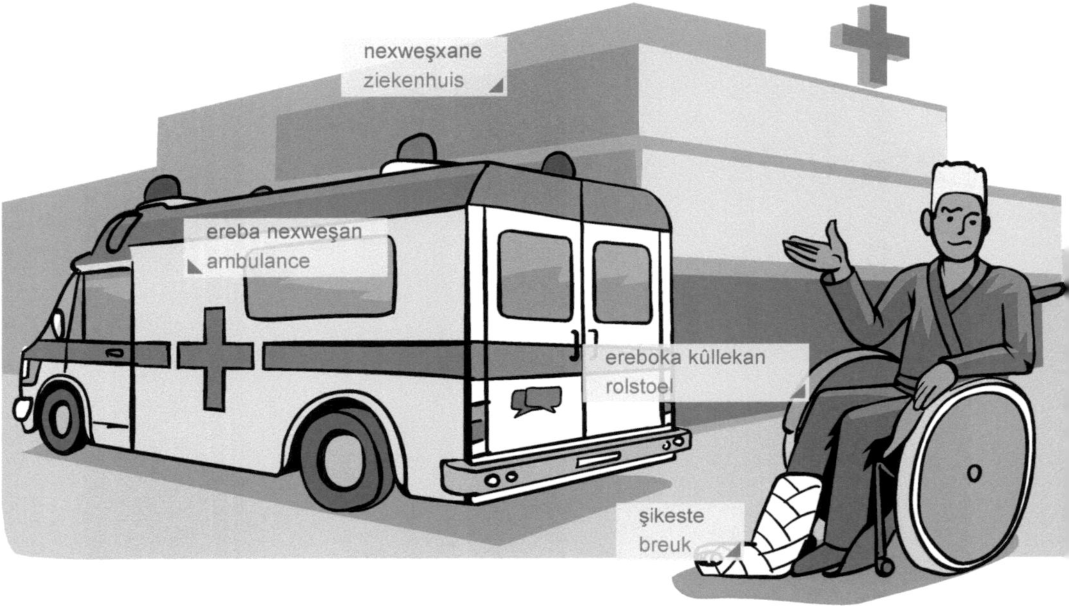

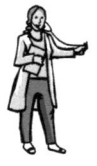

bijîşk

dokter

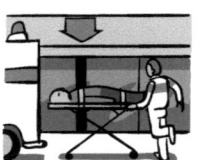

oda lezgînê

spoed

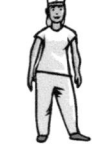

nexweşyar

verpleegkundige

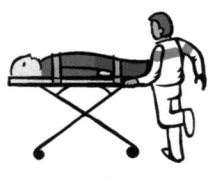

acîlîyet

noodgeval

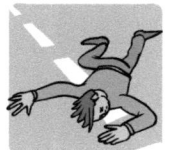

bêhay

bewusteloos

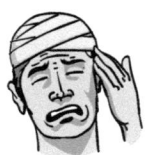

êş

pijn

birîn

verwonding

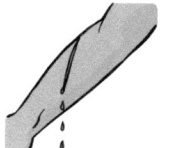

xwînpijan

bloeding

hêrişa dilî

hartaanval

celte

beroerte

alerjî

allergie

kuxik

hoest

ta

koorts

zikam

griep

navçûyin

diarree

serêş

hoofdpijn

qansêr

kanker

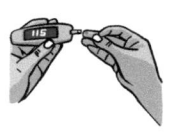

nexweşiya şekirê

diabetes

emelîkar

chirurg

skalpêl

scalpel

emelî

operatie

CT

CT

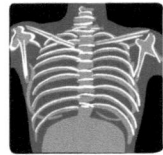

sûretê rontgên

röntgenstraal

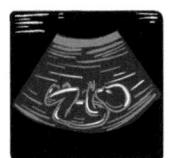

ûltrasawnd

ultrageluid

maskê rûyê

gezichtsmasker

nexweşî

ziekte

oda sekinînê

wachtkamer

goçan

kruk

şêl

pleister

paçê birînpêçanê

verband

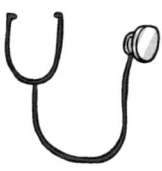

derzî

injectie

bîstoka pizîşkî

stethoscoop

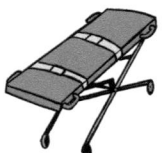

darbest

brancard

têhnpîva klînîkê

thermometer

zayîn

geboorte

qelew

overgewicht

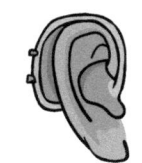

alîkariya bihîstinê

hoorapparaat

bakterîkuj

ontsmettingsmiddel

kotîbûn

infectie

vîrûs

virus

HIV / AIDS

HIV / AIDS

derman

medicijn

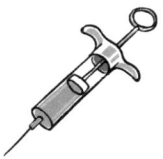

kutan

vaccinatie

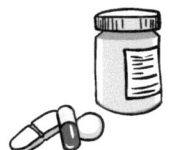

heban

tabletten

heb

pil

lezgîn

noodoproep

dîmenderê pesto xwîn

bloeddrukmeter

nexweş / sax

ziek / gezond

Hewar!

Help!

êrîş

overval

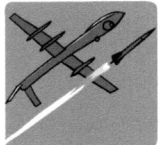

êrîşkirin

aanval

talûk

gevaar

derketina acil

nooduitgang

agir!

Brand!

qeza

ongeval

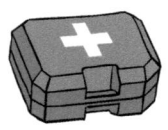

aletên alîkariya yekem

EHBO-kit

SOS

SOS

polîs

politie

Also present: alarm / alarm, agir vemirandinê / brandblusser

Ewropa

Europa

Amerîkaya Bakûr

Noord-Amerika

Amerîkaya Başûr

Zuid-Amerika

Afrîka

Afrika

Asya

Azië

Awustralya

Australië

Atlantîk

Atlantische Oceaan

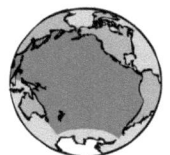

Okyanûsa Mezin

Stille Oceaan

Okyanûsa Hindî

Indische Oceaan

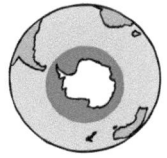

Okyanûsa Antarktîka

Antarctische Oceaan

Okyanûsa Arktîk

Arctische Oceaan

Cemsera Bakûr

Noordpool

Cemsera Başûr
Zuidpool

Antarktîka
Antarctica

erd
aarde

ax
land

behir
zee

dûrge
eiland

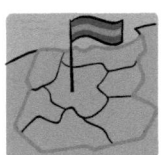

milllet
natie

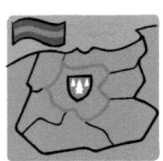

welat
staat

rûyê saet

wijzerplaat

nişanderka demjimêr

uurwijzer

nişanderka deqe

minuutwijzer

nişanderka saniye

secondewijzer

Seet çende?

Hoe laat is het?

roj

dag

dem

tijd

niha

nu

saetê dicîtal

digitale horloge

deqe

minuut

seet

uur

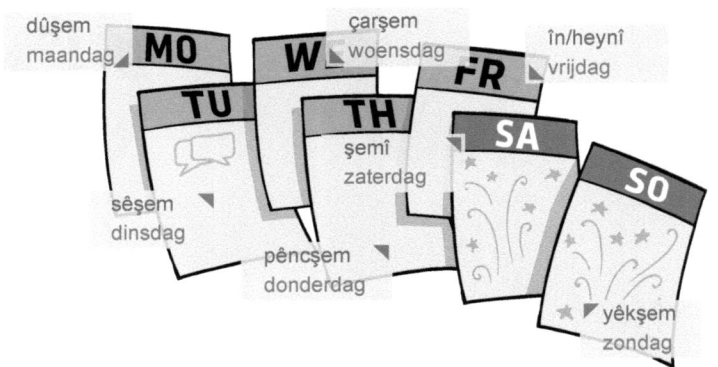

dûşem maandag
çarşem woensdag
în/heynî vrijdag
sêşem dinsdag
şemî zaterdag
pêncşem donderdag
yêkşem zondag

duh

gisteren

îro

vandaag

sibey

morgen

sibe

ochtend

nîvro

middag

êvar

avond

rojên karê

werkdagen

dawiya hefte

weekend

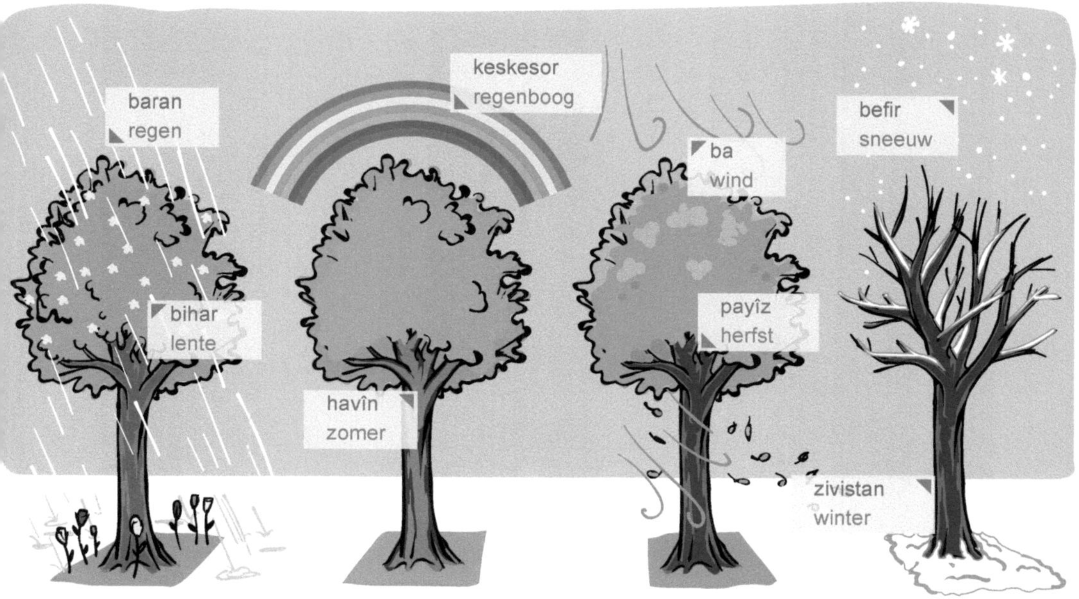

baran
regen
keskesor
regenboog
ba
wind
befir
sneeuw
bihar
lente
havîn
zomer
payîz
herfst
zivistan
winter

4.APRIL 11°
5.APRIL 4°
6.APRIL 13°
7.APRIL 8°
8.APRIL 10°

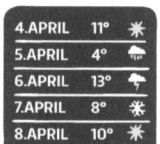

pêşbîniya hewa

weervoorspelling

F C
120 40
90 30
60 20
30 10
0 0
-30 -10
-20

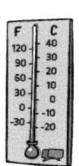

tehnpîv

thermometer

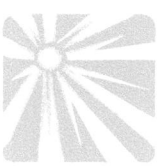

tav

zonneschijn

hewr

wolk

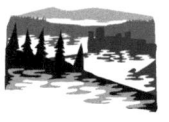

mij

mist

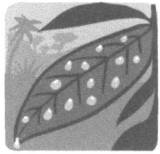

hêmî

vochtigheid

birq

bliksem

brûsk

donder

tofan

storm

terg

hagel

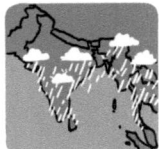

mansûn

moesson

lehî

overstroming

cemed

ijs

rêbendan

januari

reşeme

februari

newroz

maart

gulan

april

cozerdan

mei

pûşper

juni

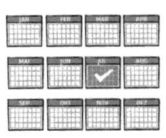

gelawêj

juli

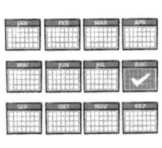

xermanan

augustus

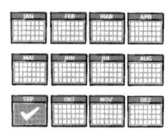

rezber

september

kewçêr

oktober

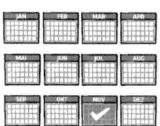

sermawez

november

befranbar

december

şêwe

vormen

çember

cirkel

çarçik

kwadraat

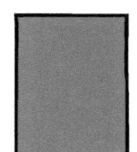

çarqozî

rechthoek

sêqozî

driehoek

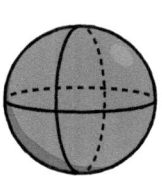

qada

bol

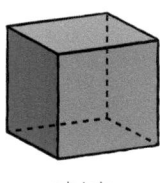

xiştek

kubus

sipî

wit

zer

geel

pirteqalî

oranje

pembe

roze

sor

rood

mor

paars

şîn

blauw

kesik

groen

qehweyî

bruin

gewr

grijs

reş

zwart

zor / kêm

veel / weinig

bi hêrs / bêdeng

boos / kalm

bedew / nerind

mooi / lelijk

destpêk / dawî

begin / einde

mezin / biçûk

groot / klein

ronî / tarî

licht / donker

brak / xwişk

broer / zus

pagij / girêj

proper / vuil

tevî / netemam

volledig / onvolledig

roj / şev

dag / nacht

mirî / zindî

dood / levend

fire / teng

breed / smal

xweş / nexweş

eetbaar / oneetbaar

nebaş / baş

kwaadaardig / vriendelijk

bi heyecan / aciz

opgewonden / verveeld

qelew / zirav

dik / dun

yekemîn / dawîn

eerst / laatst

heval / dijmin

vriend / vijand

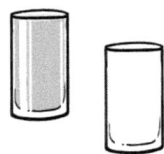

tijî / vala

vol / leeg

req / nerm

hard / zacht

giran / sivik

zwaar / licht

birçî / tînî

honger / dorst

nexweş / sax

ziek / gezond

neqanûnî / qanûnî

illegaal / legaal

rewşenbîr / balûle

intelligent / dom

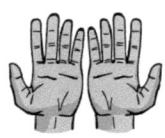

çep / rast

links / rechts

nêzî / dûr

dichtbij / veraf

nû / bikarhatî

nieuw / gebruikt

hîç / tiştek

niets / iets

kal / ciwan

oud / jong

li / ji

aan / uit

vekirî / girtî

open / dicht

aram / dengbilind

stil / luid

dewlemend / reben

rijk / arm

rast / şaş

juist / fout

dirr / hilû

ruw / glad

xemgîn / şa

droevig / blij

kurt / dirêj

kort / lang

hêdî / zû

traag / snel

şil / ziwa

nat / droog

germ / hênik

warm / koud

şerr / aşitî

oorlog / vrede

0

sifir

nul

1

yek

één

2

dû

twee

3

sê

drie

4

çar

vier

5

pênc

vijf

6

şeş

zes

7

heft

zeven

8

heşt

acht

9

neh

negen

10

deh

tien

11

yazde

elf

12

dazde

twaalf

13

sêzde

dertien

14

çarde

veertien

15

pazde

vijftien

16

şazde

zestien

17

hefde

zeventien

18

hejde

achtien

19

nozdeh

negentien

20

bîst

twintig

100

sed

honderd

1.000

hezar

duizend

1.000.000

milyon

miljoen

Inglîzî

Engels

Inglîziya Amerîkî

Amerikaans Engels

Çînî Mandarîn

Chinees (Mandarijn)

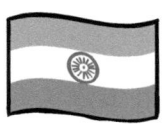

Hindî

Hindi

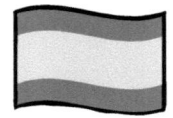

Îspanyolî

Spaans

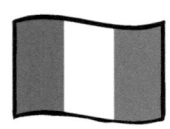

Frensî

Frans

Erebî

Arabisch

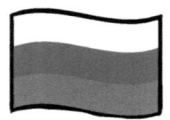

Rûsî

Russisch

Portugalî

Portugees

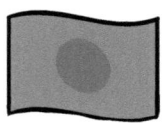

Bengalî

Bengali

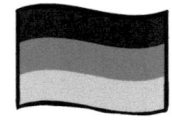

Elmanî

Duits

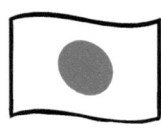

Japonî

Japans

min
ik

tu
u

ew / ev / ew
hij / zij / het

em
wij

tu
u

ew
ze

kî?
wie?

çi?
wat?

çawa?
hoe?

kû?
waar?

kengî?
wanneer?

nav
naam

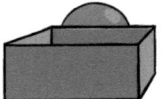

piştî

achter

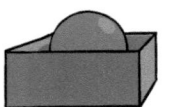

li

in

pêşî

voor

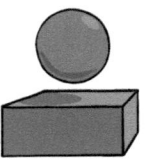

ser

boven

ser

op

bin

onder

kêlek

naast

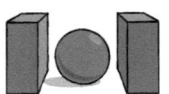

navber

tussen

cih

plaats